ORAISON FUNEBRE

DE TRES-HAUT ET TRES-PUISSANT SEIGNEUR,

M^RE CHARLES DE S^TE MAURE,

DUC DE MONTAUSIER,

PAIR DE FRANCE.

Prononcée dans l'Eglise de Sainte Croix de la Cité, le 23.ᵉ Aoust 1690.

Par M. l'Abbé JULLARD DU JARRY.

A PARIS,
Chez ANTOINE DEZALLIER, ruë saint Jacques,
à la Couronne d'or.

M. DC. XC.

AVEC PERMISSION.

ORAISON FUNEBRE
DE MESSIRE
CHARLES DE S^{TE} MAURE,
DUC DE MONTAUSIER,
PAIR DE FRANCE.

Non enim dignum est, inquit, fingere, ut multi adolescentium propter meam simulationem decipiantur, & per hoc maculam & execrationem senectuti meæ conquiram. 2. *Machab.* cap. 6.

Il ne seroit pas digne de nous, de feindre, dit-il, ni de laisser un exemple pernicieux aux jeunes gens ; les séduisant par une lâche dissimulation, & laissant une tache inéfaçable imprimée sur ma vieillesse. 2. Liv. des Machab. chap. 6.

'EST la réponse généreuse, que fit le chef d'une famille illustre en Israël, à ceux qui touchés en sa faveur d'une indigne compassion, le pres-

A

soient de fléchir un tyran inhumain par une condescendance criminelle. Ce vieillard vénérable préférant, dit l'Ecriture, une mort glorieuse aux tristes restes d'une vie déshonorée, aima mieux laisser un éxemple éternel d'une fidélité inviolable à la loi de ses peres, que d'éviter un supplice cruel, & la destruction de sa famille entiere, par une feinte plus odieuse à ses yeux, que la désolation de sa patrie.

Le caractere si connu du grand Homme, dont nous pleurons la perte, m'a paru vivement marqué dans ces paroles. A la verité nous ne l'avons pas admiré dans la périlleuse conjoncture où le saint Esprit nous réprésente le Héros auquel je le compare : mais la Cour qui fut son séjour ordinaire, n'est-elle pas souvent un de ces lieux où le prince des ténébres exerçant sur les ames une odieuse tyrannie, y retrace aux yeux de la foi, l'image de Jerusalem détruite. C'est là, que les Temples sacrés de Jesus-Christ sont livrés aux reptiles & aux animaux immondes, figures des vices & des passions qui les occupent, que la fumée d'un encens sacrilége s'éleve parmi le sang des innocens, & des foibles immolés par l'injustice, par la calomnie & par la violence, que les jeunes & les vieillards le dos tourné contre l'autel paroissent le genoüil courbé devant l'idole de la fortune qu'ils adorent ensemble; que *les enfans de Baal, c'est à dire sans joug,* violant impunément les Loix saintes de la Religion, offrent de toutes parts les éxemples d'une apostasie scandaleuse; que la force des mauvaises coûtumes établies éxige, du moins que l'on feigne de porter sur les lévres, & sur la langue, les maximes corrompuës que l'on déteste dans l'ame; & contraint souvent la main de présenter des hommages que le cœur refuse.

C'est dans cét endroit où nôtre Héros a triomphé pendant une longue vie, de cette persécution spirituelle, où ceux qui résisteroient peut-être aux attaques du lion furieux, cédent quelquefois aux caresses du serpent flatteur, & où le charme des passions douces & agréables est plus à craindre pour les belles ames, que le plus affreux appareil des supplices. Ce grand Homme a fait revivre la noble simplicité de nos Peres, dans un siecle où à peine en paroissoit-il aucune trace. Deux Cours différentes, dont il fut l'ornement, l'ont veû toûjours le même sur le théatre le plus éclatant des infidélités, & des révolutions humaines. Combien de fois s'est-il trouvé dans de périlleuses conjonctures, où il s'est veû pressé d'un côté par le tyran impérieux de l'usage ; de l'autre solicité par une molle complaisance, de se per- 2. Machab. c. 6. mettre une transgression du moins apparente de la Loi, infléxible du devoir qu'il s'étoit prescrit. Mais faisant réfléxion, comme un autre Eléasar, sur la gloire de sa Noblesse, & de son grand âge ; sur les funestes impressions que les fautes d'un homme de son rang & de son poids, laissent dans les esprits, il a mieux aimé porter dans le tombeau l'éclat d'une réputation sans tache, que donner aux Courtisans l'éxemple d'une dissimulation criminelle, *non enim ætati nostræ dignum est fingere.*

Ne pensés pas, Messieurs, que la ressemblance de ces deux Héros se réduise toute à cette noble simplicité de cœur ennemie de tout déguisement. Je trouve dans le reste de leur vie des rapports glorieux, qui peuvent fonder un juste paralelle; l'un depuis son enfance, jusqu'à une vieillesse avancée, s'étoit rendu recommandable par une conduite sans reproche; l'autre dans toutes les situations différentes où l'on peut se répréfenter un Courtisan, honoré des plus importantes Charges de l'Etat, n'a pas fait une seule démarche hors de cette voye étroite, que la plus éxacte probité trace à ceux qui la veulent suivre. Le premier se faisoit considérer par la dignité d'un extérieur tout couvert de cet éclat, qui accompagne la vieillesse des grands hommes. Le second découvroit sur son front, parmi des rides vénérables, je ne sçai quoi de noble & d'auftere, qui sembloit offrir aux premiers regards, toute l'intégrité d'une Ame que rien n'étoit capable de corrompre. L'Ifraëlite, fidelle observateur des cérémo-

Ibid.

nies anciennes, aima mieux abandonner sa tête au fer des bourreaux, que de flétrir son Nom par le violement extérieur de la Loi. Le Chrétien s'étant purifié dans les souffrances d'un long martyre, vient de donner à tous les Chrétiens l'éxemple de bien mourir, aprés avoir appris aux Courtisans la maniere de bien vivre.

Mais ne crains-je point d'offenser par des loüanges excessives, la modestie d'un homme qui les recevoit avec autant de répugnance, qu'il les dispensoit avec mésure. Il me semble qu'il me ferme encore la bouche par cette majestueuse sévérité, devant qui la flatterie n'osoit paroître. *Si l'enfant, même d'un jour, n'est pas exempt de tache;* comment seront entiérement purs ceux qui ont vieilli sous le poids de la nature corrompuë ? *& qui pendant plusieurs années ont habité des maisons de boue?* Avoüons-le, MESSIEURS, quelque irréprochable que nous ait paru la Vie du sage Chrétien que nous loüons, il ne se peut faire qu'il n'ait succombé quelquefois dans les assauts de cette guerre intestine & continuelle que l'homme souffre sur la terre ; la sincérité qui fut son caractere, ne l'abandonna pas dans l'humble aveu qu'il fit en mourant, *des ignorances de sa jeunesse*, & je craindrois de renverser l'édifice de ses vertus, si j'en ôtois le fondement de cette humilité profonde, avec laquelle il a confessé qu'il étoit coupable. Mais puisque, sans nous scandaliser par des fautes connuës, il nous a édifié par une pénitence publique ; souffrés, Seigneur, que cette grande Ame délivrée des liens qui l'attachoient à son corps mortel, vous offre par ma bouche, un sacrifice de loüange, en reconnoissance des dons précieux dont vous l'aviés enrichie : Que la foible voix d'un Orateur Chrétien, aujourd'hui l'organe des Sciences desolées, qui pleurent un Protecteur illustre, se joigne au zèle pieux & reconnoissant d'un digne Ministre, qui rend ce devoir funébre, à la mémoire de son généreux Bienfacteur. Et regardés l'hommage que nous rendons à son mérite devant vos Autels, non comme un trophée que nous

M. l'Abbé Danet Curé de Sainte Croix.

érigeons à nôtre vanité : mais comme un tribut que nous devons à vôtre miséricorde.

Pour nous prescrire des bornes dans cette ample matiere de loüanges, considérons les Services que M. DE MONTAUSIER a rendus à l'Etat : la protection qu'il a donnée au mérite : les éxemples qu'il a laissés aux Courtisans : mais ajoûtons que ses Vertus n'ont point été falsifiées par ce mélange de foiblesse, qui corrompt souvent les actions humaines dans leur principe ; que la source étoit encore plus pure que les ruisseaux ; que le sujet fidelle, le zelé Protecteur, le Courtisan parfait, étoient appuyés sur l'homme droit & simple. Et pour réduire tout cét Eloge aux paroles qui le commencent, il n'a pas crû qu'il lui fût permis de feindre, ni de donner au monde l'éxemple d'une lâche dissimulation : mais mourant sans tache, comme il avoit vécu, il a laissé sa mémoire en vénération à tout le peuple. Faites, Seigneur, que je fasse sentir à ceux qui m'écoutent, toute l'efficace d'un grand éxemple, exemple, en exposant à leurs yeux un tableau fidéle DE TRES-HAUT & TRES-PUISSANT SEIGNEUR MESSIRE CHARLES DE SAINTE-MAURE, DUC DE MONTAUSIER, PAIR DE FRANCE, GOUVERNEUR DE NORMANDIE, CHEVALIER DES ORDRES DU ROY, CY-DEVANT GOUVERNEUR DE MONSEIGNEUR LE DAUPHIN.

Loüons les hommes célébres, dit l'Ecclésiastique; *que les peuples publient leur sagesse, & que l'Eglise annonce leur loüange.* En effet, comme le fruit que nous tirons des belles Vies, ne s'étend qu'autant qu'elles sont connuës; il est aussi important pour l'utilité des fidéles, que pour la gloire des grands Hommes, qu'ils soient loüés aprés leur mort; afin que la bonne odeur de leurs Vertus, qui s'évanoüiroit avec leur mémoire, recueillie dans leurs Eloges, s'y conserve pour l'édification de ceux qui les écoutent, & qui les lisent.

La gloire du Héros que nous loüons, commença par ce premier éclat de Noblesse, dont sa naissance fut honorée, &

fans lequel toute une vie ne fçauroit être illuftre. C'eft en vain que l'on s'efforce de diminuer le prix de cet heureux privilége. Il y a des familles fécondes en grands hommes, qui font comme la portion choifie du genre humain, & que Dieu diftingue par une fucceffion de gloire, qui paffe de fiécle en fiécle, jufques au temps où la Providence a marqué les bornes de cette bénédiction. Celle de Sainte-Maure fut de ce nombre : la Nobleffe n'eft prefque pas plus ancienne dans ce Royaume, que dans cette Maifon. Plufieurs grands Hommes qui en font fortis, ont honoré divers fiécles, & la fource de ce beau Sang, aprés avoir recueilli tout ce qu'elle trouva de grand & de vertueux dans fa longue courfe, verfa toutes fes richeffes dans l'Ame de nôtre Héros.

Le fentier du jufte, dit le Sage, *eft une clarté naiffante qui va toûjours en croiffant, jufqu'à un jour parfait.* La vie de M. DE MONTAUSIER, qui fe perfectionna jufqu'à la fin, fut belle dés fes commencemens. Je pourrois vous faire voir dans fes premieres années, ces traits remarquables, & ces généreuses inclinations, qui présagent les grands Hommes. Mais comme ceux qui doivent parcourir en peu de momens toutes les beautés d'un Palais superbe, ne s'arrétent qu'aux endroits les plus riches, je néglige des choses, que l'on seroit soigneux de recueillir dans une moisson de gloire moins abondante ; & je me hâte de vous faire voir les services que nôtre Duc a rendus à l'Etat, dans les premieres occasions que sa valeur trouva de se signaler dans les armes.

À peine son courage boüillant attendit-il que ses bras se fortifiassent, qu'il se fit admirer au fameux siége de Casal. Depuis dans des retraites & des victoires fameuses, il suivit de prés les traces d'un frere dont toute la France admira la valeur, & pleura la mort. Vous dirai-je, par quels coups hardis il se distingua dans une troupe de jeunes Concurrents, qui ne croyoient pas mériter le nom de braves, s'ils n'étoient téméraires. Là perçant seul un escadron entier, il s'ouvre une voye périlleuse, jus- *A la Bataille de Cerné.*

qu'à l'Etendart qu'il enléve ; & dans la suite du combat, il redouble jusqu'à trois fois une action, dont une seule auroit suffi pour le couvrir de gloire. Ici il s'avance contre un guerrier superbe, *qui ose insulter le camp d'Israël avec audace ;* & le desarmant, aprés avoir essuyé ses coups, il retourne dans son rang, au milieu d'un cri de joye & de victoire qui l'accompagne. Dans cet endroit il répand une émulation de gloire parmi des troupes épouvantées, qu'il ramene au combat ; & l'impétuosité de son courage l'emporte à ces heureuses témérités, que l'ardeur de l'âge, ou les besoins de la guerre, justifient. Dans cette occasion il répare ces incidens malheureux, que causent quelquefois des ordres mal entendus, ou confusément donnés dans les mouvemens tumultueux des batailles, & laissant à des Chefs fameux toute la gloire des grands succés, ausquels il avoit une part considérable, il mérite leur amitié par sa modestie, leurs loüanges par sa valeur, & leur estime par sa prudence.

M. le Duc de Vveimar, & le Maréchal de Guébriant.

Son zele pour l'Etat ne se fit pas moins

admirer en d'autres rencontres, peut-être plus périlleuses pour une grande Ame. Mais pourrai-je, sans blesser l'auſtérité du ſtyle évangélique, rappeller un endroit de ſa Vie, qui mêle un peu de foibleſſe avec une des plus glorieuſes marques de fidélité, qu'un ſujet puiſſe donner à ſon Prince, avant que des nœuds ſacrés renfermaſſent dans les bornes d'une affection légitime, les premiers feux d'un âge où la voix des paſſions eſt ſouvent moins écoutée, que celle de la raiſon ; *ſon cœur devint la proye de ſes yeux*, à la veuë d'une perſonne qui ne voyoit que le Diadême audeſſus de ſon rang, & que la nature avoit encore plus richement partagée, que la naiſſance. Le mérite de M. DE MONTAUSIER ne trouva pas une ame inſenſible, *& l'ame de David n'étoit pas collée plus étroitement avec celle de Jonathas*, que le cœur d'une jeune Princeſſe avec celui de nôtre Héros, lorſqu'une révolution imprévuë enveloppant la fille dans le malheur du pere, fit une priſonniere d'Etat, de celle dont nôtre Duc étoit l'eſclave, dans une conjoncture qui ne lui permettoit pas de travailler à fa délivrance, fans fe rendre coupable. L'on attend tout de fon courage, foutenu par fon crédit auprés du Gouverneur fon Oncle; on attaque fon cœur par tous les endroits fenfibles ; on appelle l'ambition, au fecours de la tendreffe ; on fait briller à fes yeux l'éclat de la grandeur, & les charmes de la beauté : Mais cette paffion contre laquelle le devoir a fi peu de force, fe trouve la plus foible; & cet écueil fameux où la vertu de tant de grands Hommes s'eft brifée, ne fut que l'épreuve illuftre de la fienne.

 Ces grandes actions publiées de toutes parts, furent les nobles confolations que vous cherchâtes dans vôtre deüil, digne Mere de ce généreux Fils ; lorfque dans un âge & avec des avantages qui fembloient devoir ouvrir vôtre cœur à de fecondes efpérances, vous les enfévelîtes dans le tombeau de vôtre premier Epoux, & que couvrant fous un voile funébre, comme fous un nuage fombre, tout l'éclat d'une beauté rare, vous vous févrâtes des plaisirs & des pompes du siecle, pour travailler au rétablissement de vôtre Maison, & à l'éducation de vôtre Famille. La seule douceur qui lui restoit dans la vie, étoit de voir ses Enfans soumis & respectueux, qui revenoient à la fin de leurs campagnes, essuyer avec des mains victorieuses, les larmes que les hazards de la guerre, & les amertumes du veuvage, lui faisoient répandre. Celui que nous loüons, le fils le plus reconoissant qui fut jamais, ressembloit à ce Romain, qui dans les plaisirs d'une victoire fameuse, préféra les caresses & les embrassemens de sa Mere, à tous les honneurs d'un superbe triomphe. Mais, ô Seigneur ! vous détrempés de fiel toutes les joyes humaines, l'aîné de ces jeunes Héros tombant sous le glaive au milieu de sa course, se voit au rang de ces victimes honorables que la destinée des armes sacrifie au bien des Etats, & à la gloire des Familles. *Les pleurs de ce Roi d'Israël sur un fils percé de trois lances dans un jour de bataille*, ne sont qu'une foible image de la désolation où cette perte fenfible laiffa la plus tendre des Meres, & le plus affectionné des freres. Mais M. de Montausier cherchant de glorieufes diverfions à fa douleur, donna bientôt à fa Mere affligée, la confolation de voir la gloire, & les vertus de fes deux enfans, réünies dans le feul qui lui reftoit. Il receut les juftes récompenfes de fes actions héroïques, dans les Charges de Maréchal de Camp, & de Lieutenant Général, dont il fut honoré; dans les Gouvernemens de Colmar, & de la Haute Alface, confiés à fa conduite.

Cependant on peut dire que cette Province lui fut donnée moins à gouverner qu'à foumettre. Il en prit poffeffion, comme le peuple de Dieu de la Terre promife, le glaive à la main. Il fe trouva réduit à la néceffité qu'éprouverent ces braves & zélés Ifraëlites, qui pour relever le Temple de Jérufalem à la veuë des nations ennemies, étoient fouvent obligés de combattre d'une main, & d'édifier de l'autre; arrofant de fes fueurs & de fon fang ce champ ftérile qu'on lui laiffoit
plûtôt

plûtôt à défricher, qu'une moisson prête à recueillir : il fit enfin d'une matiere pénible à sa valeur, le fruit paisible de ses travaux & de ses victoires.

L'exposerai-je à vos yeux, succombant sous le nombre dans une journée malheureuse qu'il s'efforça de prévenir par ses conseils, & ne comptant pour rien la perte de sa liberté, dans une rencontre où il avoit voulu sacrifier sa vie. Vous le représenterai-je souffrant avec une constance héroïque, une prison accompagnée de circonstances plus rigoureuses, que la captivité même, & tirant d'une disgrace si généreusement soutenuë, ce nouvel éclat que les adversités illustres ajoûtent à la gloire des grands Hommes. Vous le ferai-je admirer, contribuant à tout ce qu'eut de glorieux pour la France, la célébre expédition de Dunkerque, & étonnant par son intrépidité, ce Prince fameux si connu par la sienne. Le dernier degré des honneurs militaires l'attendoit à la fin de la campagne suivante : mais la Providence qui le réservoit pour d'autres emplois, l'écarte heureusement des hazards de la guerre, dans un temps où la perte de son ame auroit suivi celle de sa vie. O Seigneur! soyés éternellement beni, d'avoir *rompu le mur de division*, qu'une secte malheureuse *avoit elevé dans vôtre héritage*, & tari les *cisternes corrompuës*, où tant de troupeaux égarés abandonnant *les sources vives & pures de la verité*, alloient puiser les eaux mortelles & bourbeuses de l'erreur. M. DE MONTAUSIER avoit receu de ses Parents cét héritage funeste, & la tache de l'hérésie s'étoit mêlée avec les avantages de sa Naissance. *Il s'étoit comme enyvré du vin d'assoupissement & de vertige que les faux Prophètes lui presentoient à boire*, & l'opposition naturelle qu'il avoit au changement, ne permettoit pas d'espérer en sa faveur, *un heureux passage des ténébres à la lumiere*. Mais, ô Seigneur! *vous tenés les cœurs des hommes entre vos mains, & comme des eaux que l'on détourne de leur cours naturel par des canaux sécrets*, vous leur faites suivre les impressions de vôtre grace. Le voile ne se rompit pas néanmoins tout d'un coup sur les yeux de cet aveugle. Comme il soupiroit alors pour un chaste mariage, auquel son erreur étoit un obstacle invincible, il appréhenda que l'amour propre ne cachât ses veûës subtiles, dans le dessein d'un changement si favorable à ses desirs; & la droiture *de ce véritable Israëlite sans déguisement* devant Dieu, comme devant les hommes, se fit un empéchement pour arrêter sa conversion, d'une chose, qui auroit été pour un autre, un motif pressant pour l'avancer. Mais enfin, animant par des prieres ferventes les actes de sa Foi qui chanceloit encore, disant à Dieu: *Je croy, Seigneur, aidés mon incrédulité.* Tous les nuages se dissipérent, tous les liens se rompirent, & cet enfant égaré sortant de la maison de l'esclave, pour rentrer dans le sein de sa Mere, en receut bientôt au pied des Autels, l'illustre & vertueuse Epouse qu'il avoit desirée.

Les hommes, *& les Anges se réjoüirent sur une conversion* d'un si grand éxemple, qui fut tout ensemble, un heureux triomphe pour l'Eglife, & un fervice important à l'Etat, dans un temps où les reftes de l'héréfie, foutenus par des factions fécrettes, troubloient la paix de ce Royaume. Ici, Messieurs, s'offrent à nos efprits des images auffi triftes pour la France, que glorieufes pour nôtre Héros. Une tempête violente s'éléve, le timon tombe de la main à d'habiles nochers, qui dans le trouble & les ténébres, ne conoiffent plus la route qu'ils doivent fuivre ; & ceux qui viennent de fauver le vaiffeau de l'Etat, font emportés par un coup de vent, contre des écueils qu'ils fuyent. Mais dérobons à vos yeux un tableau qui nous retrace les malheurs de nôtre Patrie, & ne confidérons que l'endroit qui nous répréfente M. de Montausier, avec les plus beaux traits d'un Sujet fidéle. C'eft affés qu'une tête livrée aux attaques d'un peuple aveugle, fe couvre à l'ombre du Thrône, pour lui paroître vénérable. Il ferme l'oreille à de juftes fujets de plaintes, contre le difpenfateur des Graces, pour ne confidérer en lui que le caractere sacré de l'authorité Royale, dont il le voit revétu; aussi incapable d'être entraîné par les sollicitations de l'amitié, que d'être séduit par les fausses lueurs des prétextes, il n'écoute que la voix du devoir.

Qu'il est digne de nos admirations, lorsque sur les Frontieres de ce Royaume, confiées à sa fidélité par une sage Régente, il rend à l'Etat ces services essentiels, d'où dépend quelquefois l'affermissement des Couronnes. Tantôt au pied d'une muraille il arrête les progrés du parti victorieux : tantôt à la tête d'une généreuse Noblesse rassemblée par ses soins, il apporte à des maux pressants, de promts remédes : tantôt dans un combat sanglant, aprés des efforts incroyables de valeur, il reçoit, avec des blessures qui firent long-temps trembler pour sa vie, les marques immortelles de sa fidélité. Enfin, par des Siéges soutenus, par des Victoires gagnées, par des Places reprises, il maintient, ou il remet dans l'obéïssance une Province, dont les autres suivirent bientôt l'éxemple.

La face du Royaume change; *Le démon de la discorde est enchaîné dans le desert par l'Ange tutelaire de la France;* la Paix, cette heureuse fille du Ciel, descend sur la terre; *une chaste colombe prend le vol vers ce climat heureux, portant dans le bec le signe de la concorde;* & l'Etat voit enfin les tristes marques de ses divisions, effacées par la pompe de ces jours solemnels, où les peuples partagerent la félicité de leurs Princes. Quelles caresses M. DE MONTAUSIER, & son illustre Epouse ne receurent-ils pas alors d'un Roi reconnoissant, & d'une Regente généreuse ? Si je ne craignois de rappeller trop souvent les sanglantes idées de la guerre, devant les Autels du Dieu pacifique, je vous répréfenterois nôtre Duc partageant la gloire dont la conquête de la Franche-Comté couvrit nôtre Monarque ; peut-être qu'une facilité trop grande à livrer aux plus grands périls une Tête considérée comme une des plus précieuses de l'Etat, vous paroîtroit une audace excessive, si l'éxemple de LOUIS LE GRAND, intrépide au milieu des plus affreuses images des combats, dont il fut environné, n'avoit justifié tous ceux qui l'imiterent. Pourquoi faut-il que les bornes étroites de cet Eloge y laissent si peu de place pour des faits si grands ? Quelles glorieuses réparations le Roi ne fit-il pas depuis au mérite de ce grand Homme, qui aussi peu propre à solliciter les récompenses, qu'il l'étoit à les mériter, s'étoit fermé l'entrée à la faveur, par les mêmes voyes qui l'y menérent, quand les graces ne coulerent plus par des canaux étrangers. Honoré du Brevet de Duc & Pair, chargé de recevoir un Légat Apostolique; choisi pour Gouverneur d'une des principales Provinces du Royaume ; distingué par tous les Titres qui peuvent rehausser l'éclat de la Naissance & de la Vertu; il soutint tout l'éclat d'un rang illustre; il remplit tous les devoirs d'un vigilant Gouverneur; il satisfit à toutes les bienséances d'une fonction aussi délicate qu'honorable.

Mais avec quel zéle soutint-il tout le

poids d'une éducation, à laquelle la deſtinée des peuples eſt attachée. C'eſt icy, MESSIEURS, le plus important ſervice qu'un Sujet puiſſe rendre, & nous le reconnoiſſons dans les Vertus de nôtre GRAND DAUPHIN, l'eloge vivant du Héros qui l'a formé, par ſes ſoins, comme un excellent tableau, eſt la gloire du Peintre qui l'a fait. Beniſſons le Ciel, qui en donnant à LOUIS LE GRAND, un Fils ſelon ſon cœur, joignit à ce préſent ineſtimable, le don d'un homme capable de ſuivre le vaſte deſſein que la nature avoit tracé, & dont l'Ame toute héroïque étoit propre à conduire une Ame toute Royale. Vous partageâtes dignement les glorieuſes fatigues de ce grand Emploi, Prélat célébre, à qui l'Etat & la Religion ſont également redevables. Vous ſçavés avec quel ſoin il raſſembla les plus rares Génies pour en conſacrer les veilles, au deſſein qui faiſoit l'unique objet des ſiennes. Combien de Livres excellents, dont il donna les premieres idées, feront paſſer juſqu'à la derniere poſtérité,

M. l'Evêque de Meaux.

les

les monumens éternels de son zéle infatigable. Il disoit au Roi, qu'il étoit de sa Dignité & de sa Magnificence, que tous les enfans de ses Sujets eussent part à l'instruction de son auguste Fils, & que son éducation particuliere devoit devenir en quelque sorte commune & générale. Il avoit principalement en veüë la félicité des peuples, dans les sages maximes dont il nourrissoit l'Ame de ce jeune Prince. Il lui rappelloit souvent la faute de ce Roi 3. *Reg. c.*12. d'Israël, qui préféra le conseil des jeunes insensés de sa Cour, à celui des sages vieillards, & cette dure réponse qui soulevant dix Tribus entiéres les sépara de son obéïssance. Il eut la consolation de recueillir les premiers fruits dont il avoit jetté les semences : Mais écoutés avec quels sentimens nobles & héroïques, il félicite MONSEIGNEUR, sur une Victoire qui lui attire les applaudissemens de toute la France. *Je ne vous loüe pas, lui dit-il, de ce que vous êtes intrépide dans les hazards; de ce que les plus fortes places ne peuvent vous résister; vous devés ce grand*

D

courage à vôtre Naissance : mais je vous loüe, de ce que vous etes bon, humain, miséricordieux, bienfaisant & magnifique. Quoi de plus grand pour faire distinguer à un jeune Héros, la gloire solide, d'avec celle qui brille davantage ? Peut-on mêler plus dignement les instructions avec les loüanges ? Et qu'est-ce que les peuples ne doivent point à des hommes de ce caractere ? O France, reconnois ton bonheur, & redouble ta reconnoissance, en voyant cette bénédiction renouvellée, & les Héritiers de ta Couronne tomber toûjours en d'heureuses mains ! Continüés, Seigneur, de répandre vos Graces sur les Sujets, & sur les Princes, bénissés de plus en plus, entre les mains du Fils, les Armes victorieuses du Pere; vous faites de la terre & de la mer les théatres glorieux de nos Triomphes; nos Victoires se suivent avec tant de rapidité, que les chants de joye & de reconnoissance que nous vous adressons pour l'une, sont confondus avec les hommages que nous vous rendons pour l'autre. A peine l'orgueil de nos ennemis est humilié dans la Flandre par une sanglante défaite, qu'il est terrassé dans la Savoye par une déroute générale : Et pendant que nous attachons encore aux voûtes de vos Temples, les dépoüilles des Nations que vous nous avés livrées ; un Général fameux, conduit par un Ministre aussi intelligent qu'infatigable, couvre l'Océan du débris de leurs Flottes embrasées & fugitives ; & force ces fiers dominateurs de la Mer, qui comme ce *Roi im-* *pie croyoient commander à ses flots*, de céder à LOUIS LE GRAND ce titre superbe, qu'il ne reçoit, Seigneur, que pour vous le rendre. Achevés vôtre ouvrage, rangés les escadrons de vos Anges autour d'un jeune Prince, à qui l'obéïssance n'est pénible que dans les bornes qu'elle prescrit à son courage. Faites que toûjours, aussi soumis que belliqueux, il mette en pratique les leçons d'un Gouverneur, aussi vaillant que sage, loüable par les services qu'il a rendus à l'Etat, comme par la protection qu'il a donnée au mérite.

Antiochus.

C ij

II. PARTIE.
LEs fidéles obfervateurs de la Religion font appellés Juftes dans les faintes Ecritures : Car comme la Religion nous impofe des devoirs à l'égard de Dieu, & à l'égard des hommes; ceux qui rempliffent éxactement ces obligations méritent véritablement le nom de Juftes. Or une partie effentielle de la juftice que nous devons éxercer à l'égard du prochain, confifte à révérer en lui le mérite que nous y reconnoiffons, les rares talents de l'efprit, les vertueufes inclinations du cœur, de grands progrés dans les Sciences, des dégrés d'excellence dans les Arts, en un mot toutes les qualités & toutes les perfections qui peuvent contribuer à l'ornement des Etats, à la douceur de la fociété, au fervice des Princes, à la gloire de la Religion, & à l'utilité commune des peuples. Tous ces dons du Ciel demandent, dis-je, qu'on les révére dans les fujets où ils fe trouvent, puifque c'eft Dieu même que nous refpectons dans ces traits de fon image, plus vivement empreinte

sur les uns que sur les autres : le terme même du *mérite* marque une éxigence du prix qui le doit suivre; desorte qu'étant connû sans récompense, il est comme une injustice publique qui demande réparation.

Je croy, Messieurs, lire dans le fond de vos cœurs, & j'entends le témoignage secret que vous rendés à M. de Montausier. Ne fut-il pas l'azile des Sciences désolées, quand elles perdirent les appuis glorieux qui les soutenoient, avec ces Hommes célébres qui tirent leur principal éclat de la protection qu'ils leur ont donnée, quelque inclination que le Prince ait à les favoriser ? Combien d'années auroient-elles langui sur le bord d'une source toûjours prête à se répandre, si elles n'avoient trouvé *cet Ange secourable pour les plonger à propos dans les eaux salutaires & bienfaisantes* ? Il alloit chercher ces pierres précieuses jusques dans la poussiére qui en couvroit l'éclat, pour les faire briller auprés des Couronnes. Dés qu'un rayon de vrai mérite perçant les ombres qui le couvroient, pouvoit arriver jufques à lui, il prenoit foin de le conduire jufques au Thrône. Il employoit toute fa pénétration à le découvrir & tout fon pouvoir à le récompenfer ; & il étendoit, autant qu'il lui étoit poffible, fur les autres, la Juftice que LOUIS LE GRAND lui avoit renduë en fa perfonne.

Sa générofité fe faifoit un plaifir de s'éxercer toute pure, fur des Sujets où rien ne pouvoit l'attirer que la Vertu. Il recueilloit avec foin ces fleurs champêtres qui naiffent fans art dans des climats écartés, pour en orner des jardins & des parterres, où des yeux éclairés en pûffent remarquer toutes les graces. Combien de fois a-t-il vangé la Science fans appui, de l'ignorance protégée ? Combien de fois épargna-t-il à des efprits modeftes, la répugnance naturelle qu'ils avoient à fe produire ? Combien de fois fit-il remarquer à LOUIS LE GRAND, les fons d'une lyre délicate, qui fe feroient peut-être perdus dans le bruit confus des loüanges qui retentit de toutes parts à sa gloire ? Combien de réputations appuyées de son témoignage, ont dissipé les nuages dont la cabale s'efforçoit de les obscurcir dans leur naissance ? Combien d'hommes illustres, dont les talents auroient vieilli dans des emplois obscurs, se sont distingués sur les Théatres glorieux, où cette main secourable les a conduits, semblables à ces piéces antiques qu'un curieux habile démêle heureusement d'avec un vil amas de peintures effacées, & qui des réduits obscurs où elles étoient ensévelies, passent dans les cabinets & les sales des Princes, dont elles font les principaux ornemens ?

Vous parlerai-je des précautions qu'il prenoit pour prévenir les impressions desavantageuses que l'envie pouvoit répandre contre les Sujets, qu'il couvroit, *pour ainsi dire, à l'ombre de ses aîles.* Il se souvenoit souvent de cette Sentence du Sage : *Le riche ouvre la bouche, chacun l'admire, & l'on éléve ses moindres discours jusques aux nuës; le pauvre parle, & l'on demande avec dédain qui il eſt, & s'il vient à chanceler on l'accable.* Il uſoit, avec une liberté ſage, de l'authorité qu'il s'étoit acquiſe ſur l'eſprit d'un Monarque accoûtumé dés l'enfance à révérer la vérité ſans voile, dans la bouche de ce grand Homme. Il étoit perſuadé, que la mauvaiſe diſpoſition du cœur ne laiſſe guéres de diſcernement à l'eſprit; qu'en même temps que le mérite s'ouvre des voyes favorables d'un côté, il ſe ſuſcite des obſtacles de l'autre, & qu'il ſe fait autant d'ennemis ſecrets, qu'il a de concurrents dont il peut partager les récompenſes.

C'eſt à ſes ſoins que la France eſt redevable de ces hommes qui étendent auſſi loin la beauté de ſa langue, que d'autres la gloire de ſes armes, dont les uns *verſés dans la ſageſſe des anciens, ont découvert les ſecrets les plus cachés de leur doctrine;* les autres répandent *comme une pluye féconde leurs inſtructions ſalutaires, & font couler de leurs bouches des fleuves d'une éloquence évangélique qui arroſe la face de l'égliſe.* Nous admirons tous cet Homme plus connû

nû par les illustres morts qu'il a fait revi- *M. de Nis-*
vre, que par la pourpre qui lui est desti- *mes.*
née, & qui vient de consacrer un monument éternel de sa reconnoissance à la mémoire de son généreux Protecteur. Ainsi sont heureusement récompensés ceux qui en cultivant de riches talents, s'assurent de dignes éloges. En vain des hommes vertueux laissent de riches matieres de loüanges, lorsque les artisans grossiers qui les mettent en œuvre, gâtent l'or & le porphire sur lesquels ils travaillent : & cette fumée précieuse qui leur coûte si cher, s'évanoüit bientôt avec leur mémoire, si les noms d'un Héros célébre, & d'un Ecrivain fameux mêlés ensemble, ne s'immortalisent l'un par l'autre.

Je ne viens pas, ô Seigneur! mettre au rang des biens solides cette ombre de vie, que donnent des vertus falsifiées, & des loüanges suspectes. Je sçai que dans le dénombrement que l'Ecclésiaste fait des vanités qui sont sous le Soleil, il parle de ces hommes qu'on enselvelit avec pompe aprés leur mort, & dont les œuvres sont

E

loüées dans la ville, comme celles des Justes. Je reconnois aussi, qu'une des plus vaines & des plus laborieuses occupations de l'homme sur la terre, c'est d'arranger avec soin *les paroles persuasives de la sagesse humaine*. Et le Sage nous apprend, qu'après avoir appliqué son esprit à se perfectionner dans les Sciences, & à pénétrer les secrets que *Dieu a livrés à la dispute des hommes*; il avoit reconnû que la plus longue vie étoit trop courte pour ce dessein; qu'après beaucoup d'efforts il étoit impossible de rendre raison des ouvrages du Tout-puissant, & qu'il étoit meilleur à l'homme de planter des arbres, & de cultiver des fruits, que de se consumer dans un travail si vain & si stérile. Aussi M. DE MONTAUSIER aimoit les Sciences, quand elles servoient à de saints usages; il cherchoit une érudition ornée par la sagesse, une éloquence utile à la Religion; une politesse de langage qui fît goûter les verités saintes. Il vouloit que l'habile & l'honnête homme fussent joints ensemble; que les talents de l'esprit fussent soutenus par les qualités du cœur; & que les Sciences fussent accompagnées dans les autres, des mêmes avantages dont lui-même les avoit enrichies.

Ce seroit ici l'endroit de loüer dans nôtre généreux Duc, cet Esprit incomparable, qui conservant toute sa vigueur sous le poids des années, alloit toûjours en croissant par les lumieres de l'expérience, sans rien perdre de sa vivacité. Cette érudition profonde qui le distinguoit dans les Lettres, autant que son courage dans les Armes, & qui rassembloit en lui ces deux sources de gloire qui se disputoient le prix dans les plus célébres Républiques du monde : vous dirai-je que son suffrage faisoit tant d'honneur à ceux qui le méritoient, qu'il leur eût tenu lieu de tous les autres, s'il ne les avoit entraînés. Et qu'il étoit d'un si grand poids, que la plus seure preuve du vrai mérite manquoit à ceux qui n'en étoient pas honorés. Qu'il connoissoit toutes les beautés de ce langage harmonieux, dans lequel nous sçavons que le Saint Esprit a dicté la plus grande partie de ses Oracles. Que ses moindres productions admirées des Maîtres, lui auroient acquis un des premiers rangs parmi les plumes choisies, s'il n'avoit eu le talent de bien écrire sans en chercher la gloire. Qu'il s'étoit nourri du suc de ces connoissances, dont une légére teinture acquiert souvent à mauvais titre la réputation d'habiles, à ceux qui s'efforcent de le paroître. Que par la force d'un raisonnement solide soutenu d'une expression vive & noble, il a quelquefois confondu dans une Lettre, des hommes qu'une héréfie qui tombe regarde comme ses derniers appuis.

Que n'ai-je le temps de vous le représenter ici comme le principal ornement de cette Cour savante & polie, qu'attiroit par son mérite une fameuse Héroïne dans l'empire des Lettres. C'étoit là que des hommes descendus *de la tribu qui reçeut les beautés du discours en partage*, attirant la curiosité par une amorce salutaire, faisoient passer l'efficace des bons enseignemens avec les charmes de la parole;

Madame la Marquise de Rambouillet.

que les Sciences cultivées par les agrémens & les bienséances du monde, au lieu d'affecter un air triste & sauvage qui les défigure, ne se montroient que parmi les ris & les graces dont elles étoient environnées, & que des éxercices innocents, utiles, vertueux, tenoient la place de ces jeux & de ces ressources criminelles de l'oisiveté, qui font perdre aux gens du monde tant d'heures de leur vie molle & inutile. Nous sçavons combien M. DE MONTAUSIER se distingua glorieusement dans cette Societé choisie, où le mérite donnoit entrée. Les grandes qualités de son Esprit & de son Cœur surmontérent la répugnance que l'incomparable JULIE avoit toûjours témoignée pour le lien sacré, qui l'unit enfin avec nôtre Héros. Il recueillit dans une heureuse Alliance tout l'esprit de cette Maison célébre, par le concours des grands Hommes qui la rendent encore vénérable; & il conserva dans l'entretien de quelques amis fidéles, cette politesse habile qu'un intérêt servile semble avoir bannie du commerce du mon-

Mademoiselle de Rambouillet, depuis Duchesse de Montausier.

E iij

de, & dont nous avons perdu le Protecteur dans ce grand Homme.

J'avoüe que les Sciences, & tous les avantages qui leur sont attachés, doivent être mis au rang des biens méprisables, s'ils ne sont appuyés sur la vertu. Aussi quelque digne de loüanges que soit M. DE MONTAUSIER, par les services qu'il a rendus à l'Etat, & par la protection qu'il a donnée au mérite : il est encore plus estimable par les exemples qu'il a laissés aux Courtisans.

III. PARTIE. COMME l'esprit de l'Evangile, & l'esprit du monde sont directement opposés, les vertus les plus expressément recommandées dans l'un, sont combattuës par des vices universellement établis dans l'autre. Les hommes du siécle ont l'ame double; les disciples de JESUS-CHRIST ont l'esprit simple : Mais parce que l'air le plus contagieux du siécle est répandu dans les Cours par l'assemblage des personnes qui en sont le plus infectées ; cette duplicité d'esprit si opposée à la simplicité évangélique, est si naturelle aux Courtisans, qu'elle en fait en quelque sorte le caractere. De ce vice naissent, comme d'une tige féconde, la dissimulation, la flatterie, les amitiés fausses, les promesses trompeuses, les inégalités de conduite, les manquemens de foi, les trahisons couvertes, les injustices déguisées, *fruits empoisonnés ausquels on peut reconnoître* les esprits doubles de la plûpart des Courtisans, que la sagesse réprouvée de la chair aveugle. Desorte que si l'on trouvoit un homme élevé dans les Cours, qui simple dans ses mœurs, sincére dans ses paroles, desintéressé dans ses devoirs, ferme dans ses promesses, solide dans ses amitiés, inviolable dans sa foi, uniforme dans sa conduite, & qui *sans se détourner, ni à droit, ni à gauche* du sentier étroit de la vertu, se fût ouvert un chemin au comble des félicités humaines, s'y fût maintenu pendant plusieurs années par les mêmes voyes qui l'y auroient conduit; cet homme admirable mériteroit sans doute d'être proposé pour modéle aux Courtisans. Nous l'avons veû, Chrétiens, dans M. de Montausier; & je ne fçai si ce noble & rare caractere parût jamais avec plus d'éclat à la Cour, que dans ce grand Homme.

La véritable sagesse déteste, dit le saint Esprit, la bouche à deux langues. Elle abhorre ces maximes corrompuës, établies parmi les enfans du siécle; que la dissimulation est une partie de la prudence; qu'un Courtisan qui ne sçait pas se faire un front différent du cœur, ignore la principale Science de son état; que des hommes qui marchent ensemble dans le sentier étroit de la fortune, se heurtent & se traversent nécessairement les uns les autres, s'ils n'ont le secret d'arriver par des voyes détournées, à la fin qu'ils se proposent; qu'ayant à toute heure besoin de regards obligeans, de paroles honnêtes, de complaisances affectées, de caresses artificieuses, ils doivent sçavoir façonner leur extérieur à prendre toutes les formes différentes qui leur sont utiles; & que leur habileté consiste à se couvrir toûjours de ce fard subtil qui ne laisse rien voir sur le visage de ce

que

que l'on a dans l'ame. Toute la vie de M. DE MONTAUSIER ne fut qu'une opposition continuelle à ces maximes. Il ne trouvoit rien qui fût plus indigne d'une ame noble, que d'employer à déguiser ses pensées, le don de la parole que nous avons receu pour les exprimer; il avoit en abomination, comme le Prophete, les lévres mensongeres, & tous les secrets de cette science, qui consiste à paroître ce qu'on n'est pas. Il ne pouvoit souffrir ces discours vains & frivoles, dont s'abusent réciproquement des hommes, qui *dans leur cœur, & dans leur cœur* disent des choses contraires. Il suivoit à la lettre cette divine Sentence, *que vôtre discours soit, oüi, oüi, non, non; tout ce qui est au delà, vient du pere de mensonge.* Il aimoit mieux purifier le fond du vase, que d'en nettoyer les dehors, s'appliquant sans cesse à régler son cœur; il n'avoit pas besoin de composer son visage, il laissoit, pour ainsi dire, l'un sur la bonne foi de l'autre, & il se donnoit la liberté de dire tout ce qu'il pensoit, parce qu'il tâ-

F

choit de ne rien penser qu'il ne pût dire.

S'il fut ennemi de la flatterie, il ne le fut pas moins de la dissimulation. Ici, MESSIEURS, pour vous faire connoître tout le mérite de nôtre Héros, souffrés que je vous mette devant les yeux le portrait d'une Cour infidéle & trompeuse, enveloppé dans les paroles que le Prophete Jérémie adressoit autrefois à la ville de Jérusalem. Sa demeure est au milieu de la fraude. Tous ses habitans sont des troupes de séducteurs. Ils tendent leur langue comme un arc, dont ils décochent les traits de l'imposture. Que le frere s'y défie du frere, & que chacun y marche avec défiance, parce que des piéges couverts y sont semés de toutes parts; que l'ami se conduit frauduleusement avec l'ami, & que l'imposteur s'y rit en secret du simple qu'il abuse. Ils se tiennent entr'eux des discours de paix, & ils se dressent en particulier des embûches. Ils instruisent leur bouche à parler finement, le langage du mensonge; & ils étu-

DE M. DE MONTAUSIER. 43

dient avec foin la fcience de féduire. Vous fçavés, MESSIEURS, combien nôtre Héros eut d'horreur pour tous ces lâches artifices. Heureux d'être né fujet d'un Monarque qui mérite la plus fincére vénération, il auroit été incapable de lui en témoigner une apparente. Il reffentit plus que perfonne, le bonheur qu'il y a de fervir un Roi, dont les grandes qualités fans aucun mélange de vice, mettent ceux qui l'approchent, dans l'impuiffance de lui donner des loüanges flatteufes. Au lieu de ce front fans rides & toûjours uni, que l'on attribuë aux flatteurs, il portoit l'air auftére de l'intégrité, jufques aux pieds du thrône, il croyoit que l'éclat d'un mérite univerfellement reconnû, la fidélité d'un zéle incorruptible, l'affiduité d'une Cour refpectueufe, une fuite de fervices importants, une tête blanchie dans les premiers emplois, lui devoient tenir lieu de geftes concertés, & de maniéres contraintes : & qu'il falloit laiffer ces foibles reffources des Courtifans, à ceux dont elles font tout le mérite. L'innocence &

F ij

la foiblesse étoient en seureté quand il paroissoit. La bouche du calomniateur se fermoit en sa présence, & les traits de la médisance étoient retenus par la liberté de sa censure. Comme on le connoissoit incapable de trahir la vérité par complaisance, l'on n'opposa jamais à la force de son témoignage, qu'une bonté de cœur qui surprenoit, disoit-on, quelquefois le discernement de son Esprit. Il avoit en horreur ces paroles à double face, que les lévres disent dans un sens, & que le cœur prononce dans un autre, & avec lesquelles en trahissant la foi & la vérité, l'on s'épargne les remords de la perfidie & du mensonge.

Par cette conduite il a mérité les suffrages de ceux dont il a combattu les vices ; & cette liberté généreuse qui ne pouvoit *souffrir la vérité captive dans sa bouche*, se faisoit estimer de ceux-là même à qui elle se faisoit craindre. Par là, dis-je, il a fait voir qu'une belle ame n'avoit qu'à se montrer pour attirer les hommages des Rois & des peuples ; & qu'il y a dans le monde, tout corrompu qu'il eſt, un reſte d'équité qui lui fait révérer ceux qui ont le courage de ſecoüer le joug de ſes maximes. Il s'eſt ouvert une route auſſi nouvelle que glorieuſe à l'élévation. Loin de ſuivre le torrent des mauvaiſes coûtumes; il a tenu ferme au plus fort de ſa rapidité, au lieu de ſe rendre un lâche eſclave de la fortune, il l'a forcée de ſervir à ſa Vertu, & ſon Mérite ſeul l'a fait monter à ce rang ſublime, qui le donnant en ſpectacle au monde, ne laiſſoit aucune de ſes Vertus cachée, ni de ſes grandes qualités oiſive.

Quelle antipathie n'avoit-il point avec ces hommes frappés de malédiction dans les ſaintes Ecritures, parce *qu'ils diſent que le bien eſt mal, & que le mal eſt bien?* Retirés-vous de moi, diſoit-il avec le Prophete, vous qui m'applaudiſſés par de vaines complaiſances. Avec quelque adreſſe que la flatterie imitât la ſincérité, comme il avoit toûjours parlé le langage naturel de l'une, il diſtinguoit auſſitôt l'accent étranger de l'autre; contre l'inclination ordinaire des Grands, qui avalent avec plaisir tout ce qui a le goût des loüanges ; on ne sçavoit comment les assaisonner à son égard, pour leur ôter cette douceur fade dont il les trouvoit pleines. Cette Musique, la plus agréable de toutes pour les oreilles, lui paroissoit importune : son cœur rejettoit celles que son esprit approuvoit : les grossiéres choquoient son discernement : les délicates allarmoient sa Vertu : & on ne pouvoit lui en donner qui ne blessassent sa pénétration ou sa modestie.

 Loüons donc, selon le conseil du Sage, aprés la mort, celui qui ne voulut pas être loüé pendant sa vie, l'ennemi déclaré des flatteurs, l'éxemple des amis fidéles. A ce mot se présentent à mon esprit ces plaintes si ordinaires dans les Cours, où chacun, par des motifs cachés, devient éloquent à peindre l'inconstance des amitiés ; où la diversité des intérêts, & la multitude des révolutions, rendent les épreuves de l'infidélité du cœur humain plus fréquentes, où dans les contre-temps inévitables qui traversent les passions, les hommes cherchant à se décharger du poids d'une tristesse accablante sur quelque ami fidéle, reconnoissent d'autant plus combien ce thrésor est rare, qu'ils sentent combien il leur seroit nécessaire. Vous le permettés, ô Seigneur! pour apprendre à ceux qui s'appuyent sur des bras de chair, que c'est en vous seul qu'ils doivent mettre leur espérance. Cependant vous aviés enrichi nôtre siécle de ce bien inestimable. Que ne puis-je, MESSIEURS, vous le faire voir dans tout son lustre, cet ami véritable & solide, par l'opposition de tous ces amis faux & trompeurs, dont l'Ecclésiastique nous marque les caractéres. De ces amis si ardents dans le temps de la prospérité, si glacés au temps de l'affliction ; de ces amis aussi peu capables de garder le dépôt des secrets qu'on leur confie, qu'une ville ouverte de toutes parts est en état de défendre ses citoyens. De ces amis dont le cœur se remplit de fiel, & la bouche de malédiction, dans des ruptures précipitées ; & qui sur les plus légers fondemens révélent l'opprobre & les défauts de leurs freres. M. DE MONTAUSIER étoit un ami fidéle, dont le zéle à toutes épreuves n'avoit d'autres bornes que les Autels, & le Thrône. Il rendoit avec bien plus d'éxactitude, des offices généreux dans l'adversité, qu'il ne faisoit des caresses suspectes dans la prosperité. Il étoit, à l'égard de ses amis, une protection puissante, & un rempart ferme, toûjours prêt à les appuyer de tout son pouvoir dans les rencontres. Il consoloit leur cœur affligé par son entretien, comme les bonnes odeurs réjoüissent l'ame triste. Bien loin d'abandonner les malheureux, une qualité propre à ce grand Homme, fut de les avoir toûjours aimés & protégés. Vous le sçavés, MESSIEURS, vous qui l'avés veû gémir *de ces calomnies qui se répandent sous le Soleil ; mêler ses soupirs avec les larmes des innocents que l'on abandonne sans consolation* : tirer de la captivité d'illustres malheureux enveloppés innocemment dans des disgraces impréveuës : soutenir avec

avec chaleur les intérêts des abſents, &
ſouvent même des inconnus : faire couler
les threſors & les graces du Prince, ſur
des affligés en des conjonctures qui ſem-
bloient devoir lier les mains à ſa libérali-
té : deffendre l'azile des tombeaux, & ſen-
tir vivement l'outrage des morts.

Loin ces hommes durs dans la proſpé-
rité, qui n'ont jamais connû le plaiſir de
faire du bien, ſi doux pour les ames géné-
reuſes, dont le cœur ſe reſſerre, & la
main ſe ferme au moindre ſoupçon d'une
grace que l'on eſpére de leur appui, dont
il faut prévenir la malignité par les mêmes devoirs que l'on rend aux autres
pour attirer leur bienveillance, & qu'on
pourroit comparer à ces Divinités funeſ-
tes adorées dans les ſiécles idolâtres, que
l'on prenoit ſoin d'appaiſer par des Sacri-
fices, ſans eſpérer de ſe les rendre favorables. Nôtre généreux Duc participoit, autant qu'une ſimple créature en étoit capable, à cette divine qualité du premier Etre,
par laquelle il cherche toûjours à ſe com-
muniquer & à ſe répandre. Il ne trouvoit

G

rien de si douloureux pour un cœur bien fait, que de se sentir déchiré par une compassion & une amitié réduites à ne pouvoir se faire sentir que par des souhaits & par des paroles. Les moindres rapports du sang, de l'éducation, de l'alliance, suffisoient pour faire agir sa générosité toûjours bienfaisante. Vous le sçavés, Familles reconnoissantes, qui vous êtes engraissées de la rosée du Ciel, & de la substance de la terre, à l'ombre de sa protection : domestiques fidéles, à qui l'entrée de sa maison a ouvert la voye à d'avantageux établissemens : hommes distingués dans les Arts, qui devés à ses sollicitations les justes récompenses de vos travaux : Provinces écartées sur lesquelles il a fait couler tant de fois les influences salutaires de son crédit. Il regardoit avec douleur tous ceux qui *s'abreuvent d'absinte , & qui mangent un pain de tribulation* dans les rigueurs d'une vie indigente. Il ne craignoit point de faire de périlleux essais de son pouvoir, en prenant une voix suppliante qui pouvoit ne pas être écoutée : & quand le bienfait ne suivoit pas le desir de l'accorder, il ressentoit le premier toute la peine du refus qu'il étoit contraint de faire souffrir aux autres.

Quelles étoient ses occupations dans ces lieux solitaires & tranquilles, qu'il honoroit tous les ans de sa présence ? terminer les différends d'une Noblesse voisine ; dédommager le Laboureur trompé dans ses espérances ; réparer par des aumônes la ruine des moissons ravagées, chercher sous un toit rustique des misères & des infirmités inconnuës, pour y remédier. Il sembloit qu'il fût chargé du soin de secourir tous les misérables. Que le fléau terrible des vengeances du Seigneur désole une Province confiée à ses soins, il n'est pas satisfait s'il ne va partager tout le péril avec des peuples, dont il se croit dans cette occasion le pere, plûtôt que le Gouverneur ; s'arrachant des bras de sa Famille en larmes, il se hâte d'aller répandre les secours de ses soins vigilans, & de ses aumônes abondantes, dans une Ville que la malignité d'une vapeur mortelle change en un vaste tombeau; & s'offrant lui-même pour victime à la Justice divine, il arrête le glaive de l'Ange exterminateur, à qui Dieu ne permet pas de confondre l'innocent avec les coupables. Révélerai-je ici les Mysteres de sa charité. Combien d'aumônes prient dans le sein du pauvre, pour le salut de cette grande Ame ? Combien de familles nécessiteuses ont receu par des canaux secrets, les secours dont il étoit la source ? Combien de fois fit-il des grilles sacrées du cloître, *une haye d'épines pour conserver le lys des champs* dans toute sa blancheur, *ouvrant l'entrée de l'arche à de chastes colombes qui ne sçavoient où mettre seurement leur pied dans ce déluge d'iniquité*, qui inonde la face de la terre. Vous paroîtrés au grand jour de la révélation, Noblesse indigente, qu'il a déchargée du poids honteux de la pauvreté; talents ensévelis qu'il a tirés d'une misére obscure; sombres cachots asyles des langueurs & des miséres qu'il a fondés ou secourus; sacrés Ministres chargés encore aprés sa mort, du dépôt de ses aumônes. Ne vous figurés pas des aumônes formées du butin de l'iniquité, toutes teintes du sang des pauvres & des pupilles, dont elles sont la dépoüille, & *qui crient vengeance bien plus qu'elles ne demandent misericorde.* Il avoit leû & médité cette sentence du Sage, Quiconque donne au pauvre de la substance d'autrui, ressemble à celui qui feroit un Sacrifice au Pere de son propre Fils. Des restitutions que la délicatesse de sa conscience lui conseilla, prévinrent ses charités. Il purifia ses mains pour en rendre les dons agréables, & il fit couler des rosées salutaires dans les Provinces où il appréhendoit que les troupes qu'il avoit commandées, n'eussent laissé de tristes marques de leur passage. Exact observateur de sa parole; il ne l'a jamais trahie: comme il ne la donnoit pas avec précipitation, il ne la violoit pas avec légéreté; & de nouveaux intérêts ne lui faisoient pas trouver juste dans un temps, ce qui ne lui paroissoit pas équitable dans un autre. Il a soutenu ce noble caractére avec une constance qui ne s'est point démentie; & parmi les différentes révolutions de la Cour qu'il a veuës, il a toûjours paru le même.

Voilà, Messieurs, une partie des éxemples que M. de Montausier a laissés aux Courtisans pendant sa vie; il me resteroit maintenant à recueillir ceux que tous les Chrétiens peuvent trouver dans sa mort. Rien ne couronne plus dignement une belle vie, dit le Sage, que la vieillesse qui se trouve dans les voyes de la Justice. M. de Montausier menoit depuis plusieurs années une vie régulière & pénitente au milieu de la Cour. Deux fois le mois on le voyoit recevoir avec édification, l'Agneau qui ôte les pechés du monde, aprés s'être purifié par les larmes de la pénitence. Plein des pensées de l'éternité, & au milieu d'une santé parfaite, il se sentit frappé d'un mal, dont les atteintes mortelles & redoublées l'ont conduit dans le tombeau. Sa mort ne fut point de celles que prépare & adoucit un grand âge, lors qu'aprés avoir miné peu à peu les liens du corps & de l'ame, il les brise enfin sans violence. Il semble que Dieu lui ait laissé des forces entiéres dans une vieillesse avancée ; afin qu'éprouvant toutes les rigueurs de cette derniére séparation, il en pût avoir tout le mérite. Je vous ferois le détail de ce long martyre qui a éprouvé sa patience, si je ne craignois de lasser la vôtre ; & si je pouvois ajoûter quelque chose à ce que vous avés appris de ces deux bouches éloquentes & chrétiennes qui ont recueilli ses derniers soupirs. Dans les plus violents accés d'un mal qui le *méne souvent jusques aux portes de la mort*, lorsqu'il semble devoir expirer autant de fois qu'il respire, & qu'il ne trouve point de situation propre, ni pour vivre, ni pour mourir, il n'a que des sentimens de componction dans le cœur, & des paroles d'édification dans sa bouche. C'est proprement dans ce dernier acte de sa vie, que lui conviennent ces paroles généreuses qui ont fait le fondement de son Eloge : *Non enim dignum est nobis fingere.* Il ne seroit pas digne de nous, de feindre : Et aprés avoir été pendant ma vie un Courtisan sincére, il me seroit honteux d'être à ma mort un Chrétien & un Pénitent déguisé. Combien de fois repassant ses nombreuses années dans les sentimens de la contrition la plus amere, appréhenda-t-il que la vive douleur qu'il ressentoit de ses fautes, ne fût une illusion. Hélas, Seigneur ! disoit-il pénétré de cette crainte, *Vous m'avés appris que le cœur de l'homme est impénétrable ; le mien qui fut toûjours ouvert pour les autres, seroit-il caché pour moi seul ; & moi qui ne voulus jamais tromper personne ; serois-je assés malheureux pour vouloir me tromper moi-même ?* Cependant le terme fatal de sa vie s'approche. Aprés un dernier effort, pour se séparer de la Duchesse sa Fille, dont toute la France reconnoît le mérite, & partage la douleur, aprés des marques d'estime & de tendresse données à ce généreux Duc, qu'il laisse aprés lui le digne Chef d'une Famille où la noblesse & les qualités de l'Ayeul & du Pere brillent de toutes parts. Aprés des Sacrements receus

diverses

diverses fois avec les dispositions les plus chrétiennes ; aprés les actes les plus parfaits de la Religion, redoublés autant de fois qu'il le pût, dans le cours d'une longue maladie, qui lui laissa l'usage de tout son esprit jusqu'au dernier moment. Il se trouve à l'entrée de l'Eternité, & dans ce passage redoutable qui sépare cette vie d'avec l'autre; arrêtons un peu nos regards sur le spectacle de ce grand Homme expirant. Il me semble entendre ce fameux modéle de la patience Job, qui dit dans le fort de ses calamités & de ses tribulations : J'attefte le Ciel qui a plongé mon ame dans l'a- *Job. cap.* 27. mertume, que pendant qu'il demeurera un léger souffle de vie sur mes lévres, le mensonge ne sera, ni dans mon cœur, ni sur ma langue. Je me le réprésente comme un autre Mathatias, qui aprés avoir livré de glorieux combats pour la Justice, se voyant prêt à mourir, dit à ses enfans : Vous voyés que l'impiété triomphe, à peine paroît-il aucune trace de la droiture & de la simplicité de nos Peres; armés- 1. *Mac.* vous donc de courage à mon éxemple, *c.* 2.

pour vous opposer à ce torrent d'iniquité; & donnés vos vies, s'il le faut, pour défendre les loix paternelles que j'ai toûjours suivies. Enfin, comblé de jours, de gloire & de vertus, parmi les bénédictions de la Loi ancienne, & les graces de la nouvelle, marqué par tous les signes des Justes mourans dans le baiser du Seigneur; confondant avec ses derniers soupirs, ces paroles, *fiat voluntas tua;* il remet son ame entre les mains de son Créateur, plus pure & plus belle qu'elle n'en étoit sortie. Ainsi mourut & vécut ce grand Homme, donnant à son siécle un éxemple également propre à l'instruire & à le confondre. Je sçai que la Cour de LOUIS LE GRAND ne manque pas de Sujets illustres dans l'un & dans l'autre sexe, que le zéle de la justice & de la vérité guide dans leurs actions & dans leurs paroles. Il n'est pas difficile à un Roi sans défaut, d'avoir des Courtisans sans foiblesse; l'obligation de se conformer aux inclinations du Prince n'étant pour eux qu'une heureuse nécessité de réformer les leurs: Mais parmi ceux qui font les plus propres à faire revivre nôtre Héros, il n'en est point qui ne l'admire. Vous avés remarqué dans sa vie une fidélité inviolable au service du Prince, une valeur sage dans les combats, signalée par des actions & des playes glorieuses ; une vigilance éclairée pour contenir dans l'obéïssance des Provinces écartées du centre de l'authorité Royale ; un zéle infatigable à soutenir tout le poids d'une éducation où la destinée des Peuples & de l'Etat étoit attachée ; une assiduité laborieuse à s'enrichir l'esprit & le cœur des connoissances, qui sont les plus précieux ornemens des belles ames ; une application singuliére à tirer de l'obscurité des Sciences ensévelies ; une résistance vigoureuse contre la tyrannie des usages pernicieux ; une prudence ferme, toûjours réglée par la loi infléxible du devoir & de la vérité ; une élévation d'ame inaccessible aux impressions de l'air contagieux des vices ; une probité morale purifiée par une pieté religieuse ; & toutes ces vertus appuyées sur la simplicité du cœur, qui fut son caractére. Je sens bien que j'aurois de grandes choses à vous dire, & que je voudrois m'élever audessus de ma foiblesse, pour vous inspirer l'amour de la droiture évangélique & morale, sans laquelle toute nôtre vie n'est qu'égarement & que ténébres. L'homme double, dit le Sage, est inconstant dans toutes ses voyes; il ne fait qu'errer de détours en détours, selon les différentes veuës que la duplicité de ses intentions lui propose; il ressemble à un flot de la Mer, qui dans son agitation continuelle change à chaque instant de situation & de figure; engagé, dit Jesus-Christ, au service incompatible de deux Maîtres directement opposés, il se trouve à toute heure réduit à l'inévitable nécessité d'être sourd à la voix de l'un, ou de négliger les commandemens de l'autre. Concevons donc une véritable horreur pour cette duplicité d'esprit; n'affectons point une conformité malheureuse avec le siécle; marchons devant Dieu, & devant les hommes, comme de simples colombes, dans l'innocence & dans la pureté de nôtre cœur, *Parce que bienheureux est celui dans l'esprit duquel il n'y a point d'artifice.* Tel a été cet Homme droit & simple que nous venons de loüer dans la chaire de la vérité. Nous sommes persuadés, ô Seigneur! que vôtre miséricorde a consommé son ouvrage, & qu'il chante avec vos esprits bienheureux, le Cantique éternel de la gloire. Mais s'il lui restoit encore quelques taches à expier, recevés, avec les vœux des fidéles, l'hostie immaculée; & faites que cette Ame qui porte si visiblement le sceau de la prédestination, s'élevant avec l'odeur du saint Sacrifice, jusqu'à vôtre Thrône, prenne possession de vos sacrés Tabernacles.

FIN.

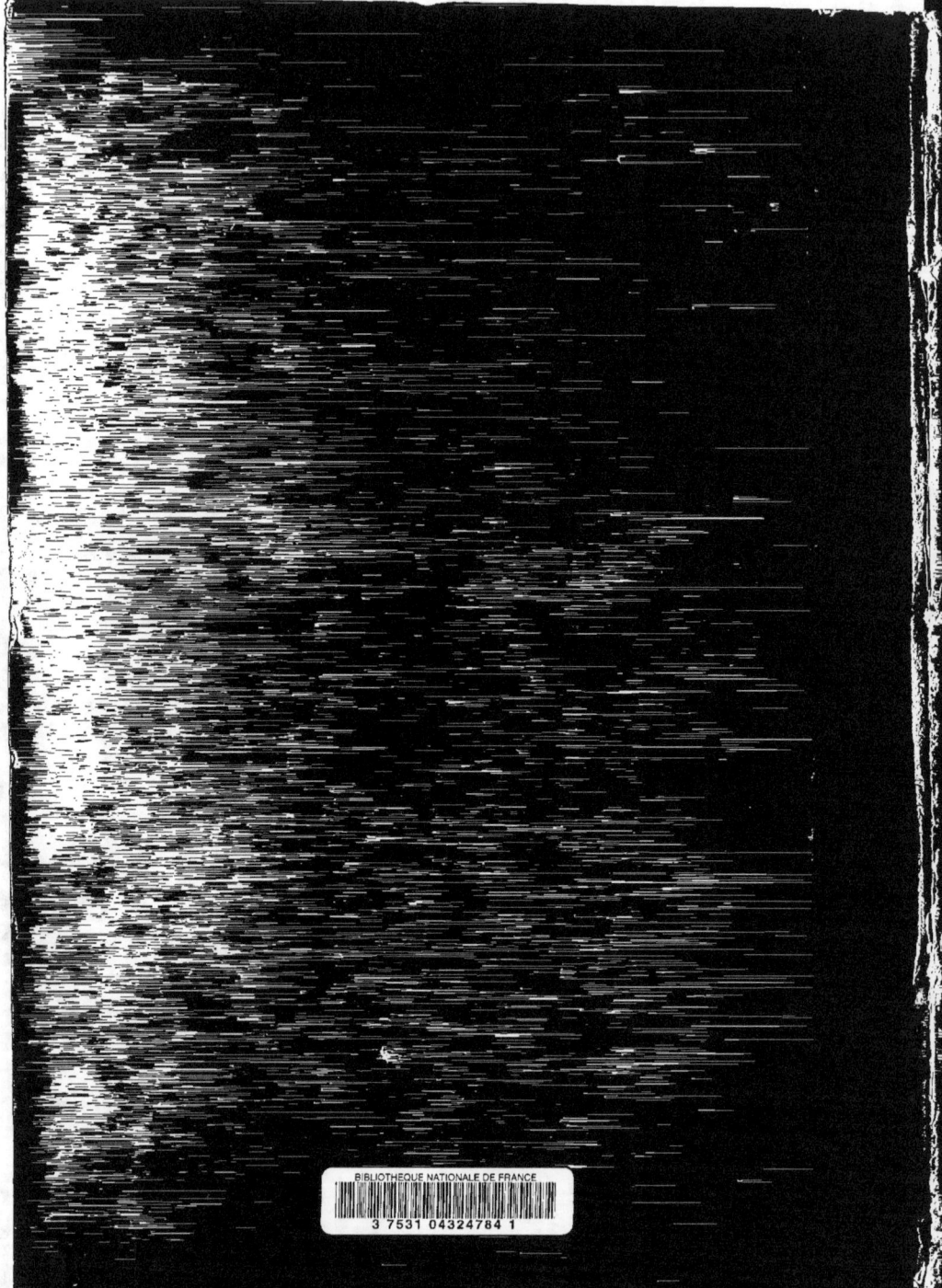

www.ingramcontent.com/pod-product-compliance
Lightning Source LLC
LaVergne TN
LVHW051501090426
835512LV00010B/2283